JN408885

흔들리는 것 그것이 존재다

흔들리는 것
그것이 존재다

바람이 흔드느냐!
가지가 흔드느냐!
세상이 흔들려 따라서 흔드느냐!
흔들지 않아도 흔들어지는 것

그것이 존재다.

양 정 동
제3시집

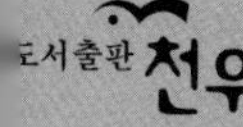

시인의 말

간혹 시(詩)가 무엇이냐고 묻는 이들이 있다.

시(詩)는 무엇이다. 라고 단적으로 말할 수 있는 그런 요소가 아니다.

작가가 살아오는 과정에 자기가 겪은 많은 사연들이 다 달라서 시재(詩材)감도 의미가 다 달라 단 한 가지라고 단언할 수 없는 것이다.

지난 생활이 어떤 과정을 거처 지금에 이르러 시를 쓰게 되느냐에 따라 시의 내용이 다르게 나타나기 때문이다. 한 사람이 쓴 시 내용 하나를 보고 전체의 시를 대표할 수가 없고 한 편을 보고 시는 이렇게 써야 한다. 라고 단언할 수 없는 것이다.

시는 "상처의 꽃이다"라고 말하는 이들이 있다. 이 말은 생활해 오면서 크고 작고 아픈 사연 하나하나가 심리적으로 또는 육체적으로 많은 시련을 안겨 준 그 자체가 시감이 되어 시로 탄생되어 많은 독자들로부터 공감을 얻어 내기 위한 것이다. 나는 시로 승화시켜야 할 소재(素材)가 자연의 섭리이든 인생관이든 다양하게 많이 내포하고 있다. 누구나 나이가 지긋한 분들은 다 그렇겠지만 특히 나 같은 경우는 살아오는 과정에 생활 여건이 너무나 빈약하고 힘들어 그 상처가 길고 깊고, 크고 강한 요소가 많이 있어서 소재감이 많다는 것을 말하는 것이다. 이렇게 어렵고 힘든 여건 속에서 살아오면서 단 한 번이라도 굴하지 않을 뿐 아니라 절망이나 실망, 또는 좌절을 단 한 번도 하지 않는 것이 내 삶의 과정이고 특징이다.

심한 시련이 올 때는 더 굳은 각오로 "내일은 무엇인가 꼭 할 것이다." 라는 마음이 강하게 작용 되곤 했다. 지금 생각해 보면 어디서 그런 의욕이 나왔는지 나도 감격할 뿐이다.

이런 것을 다 수록함으로써 누군가 내 책을 읽어보고 본인의 삶과 비교하여 어려운 여건이 닥치더라고 실망하지 않고 의욕과 용기로 살아갈 수 있도록 힘을 주기 위한 것이고 본보기가 되기 위한 것이다.

내 한 삶을 기록해 놓음으로 나의 생활이 영원히 남을 수도 있기 때문이다.

2018년 10월

양 정동

제1부

바람은 보이지 않는데

제 2 부

넘치는 사랑은 하지 마라

제3부

책을 읽는다는 것

제4부

인간은 수평형

제1부

바람은 보이지 않는데

보람 있는 삶

삶을 보람 있게 사는 것은
어제도 아니고 오늘도 아니다.
내일은 더욱 아니고
바로 이 순간이다.

살아있는 매 순간, 순간이
중요하다는 것을 인식하고
소중하게 생각해야 한다.

지나간 삶의 경험이나
주변에서 일어난 일들을
사실적으로 세세히 기록한
기록물을 만드는 시간이 바로
이 순간이다.

그 기록은 내 생 보다 길어서
오래 남겨지면 훗날 누군가
그 기록을 보고 그 사람 삶에
도움이 될 것이고

당신 삶의
흔적이 될 것이다.

세 가지의 빛[三光]

세 가지 빛은 태양과 별빛, 달빛을 말하며
일(日) 월(月) 성(星)이라고 한다.

알 수 없는 그 옛날부터
오늘까지 비춰 주고
알 수 없는 미래까지
비춰 줄 것도 분명하다.

신비로운 삼 빛 현상은 신의 조화인 것을
인간의 능력으로 밝혀낼 수 없는 것이
분명하며 우주 공간의 광대함을
형영(形影) 할 수 없는 것도 틀림없다.

허공에는 밤이나 낮도 없이 계속
일, 월, 성이 빛나고 있고
모든 위성은 사랑으로 관계를
유지하며 풍파도 없이 공생 공존하며
한없이 돌고 있다.

자전과 공전을 하는 지구는 사계절과
밤, 낮이 있어 동식물은
그 영향을 받고 살면서

삼 빛같이 유유히 평온할 거라고
생각하지만 구름이, 비, 바람 몰고 온
대자연 섭리가 삶의 원리를
일깨워주고 있지만 깨닫지 못한다.

삼 빛같이 밝고, 맑음만 계속될 줄
알지만 그렇지 않다는 것을 알고
지혜가 충분하다면 삼 빛같이
빛날 수 있으나 그렇지 않으면
더 짙은 먹구름이 몰려와
생명을 유지하기 어려움으로
추락할 수 있는 것은 자연의 순리를
깨닫지 못한 결과이며
삼 빛 원리 따라 매사를 기쁜 마음으로
현실에 실행하면 상승기류를 탈 수 있고
더욱 발전하면 그 흔적이 점점 커져
사후에 삼 빛보다 더 빛날 수는 없지만

다음가는
빛이 될 것은 분명하다.

갯가에 앉아서

그날따라 바다는 유난히 조용했다.

잔파도 넓고 얇게 부챗살로 밀려와
자갈 속으로 숨은 소리 들으며
팔 베고 자갈밭에 누워 하늘로 눈을 돌리니
산등선 기암절벽 위로 떠가는 구름
헝클어진 날개 달고 비행기보다
느리게 날면서도 떨어지지 않는
구름 위에 마음 올려놓고
섬 하늘 위를 비행하는데

먹이 찾는 갯새* 복부를 스칠 듯
낮게 나는 소리에 화들짝 일어나
납작 돌 수면 향해 수평으로
던지면 쫑쫑 쫑 뛰어가다 물속으로
꼭 숨어버린 것을 반복하다
파도 느슨하게 출렁일 때
해초 갯바위를 덮고 누운 위에
햇빛에 반짝일 즘
대나무 화살촉으로
갯바위 틈에 숨은 해삼 찍어
허공으로 쳐들고

아! 해삼 잡았다!
소리 지르던 그때가
간간히….

*갯새 : 갯가에서 먹이를 찾아서 먹고 사는 새를 말함.

바람은 보이지 않는데

마을 어귀 언덕에
젊은 소나무들 병렬하는데
무더기 바람에 내키지 않는
몸부림이 한참이다.

바람은 보이지 않는데 몸 허우적이며
뿌리 고정한 채 누웠다 섰다
상체를 좌우로 휘저음을 계속이다.

꽃바람 덩이 귀 열고
방향도 목적도 없이
쉼 없이 몰아치니
청보리밭 흰 대공 서로 껴안고
누군가에게 끌려가는 듯 누워 버티며
몸부림을 반복한다.

하얀 속살 밑두리 드러내며
흰 허리 헝클어진 머리 목 너울대며
늘어지다 짧아짐을 반복하는
맘에 없는 율동이 고달프다.

밭두렁 지나 산등성 타고 오르며
소나무 가지 휘어져 꺾어질 듯
휘어 돌아 제자리로 다시 오니
골짜기에 숨은 잔풀까지 헤집고
가르매*질을 반복하며
산등성으로 밀어 끌고 가려 하지만

바람은 보이지 않는다.

* 가르매 : 가르마의 경상도 사투리.

산에 올라 봐

도심을 조금만 벗어나면
여기도 산 저기도 산 사방이 산이다.

말로만 산, 산하는 이여
일상을 벗어나 산 정상에 올라
맑은 공기 마시며
힘껏 소리쳐 봐라!
맑은 공기 허공 속에서 산을 만나
팔 벌려 함성 지르면
메아리는 멀리 갔다 내 가슴으로
아리, 아리 스며들고
넓은 공간을 맘껏 안을 수 있으니
이것이 새로운 기쁨이 아니더냐

이런 맛보지도 않으면서
저 산이 좋다 이 산이 좋다 하느냐
높은 산 정상이 내 발아래 있고
저 산보다 내가 더 높이 서 있을 때

이마에 맺힌 땀방울
구름이 바람 몰고 와
조용히 가져가더라.

다도해 섬 하나

뭉실뭉실 연달아 밀려온
파도를 베게 하고 낮잠 자다
선잠 깨어 투정 부리는가
발장구치는 섬 하나
발끝에 흰 파도 결이 평화롭다.

푸른 융단 바다를 가르는
어선 머리에 화안(花顔)*으로
파도 헤치며 만선 기쁨을 안고
어항으로 들어온다.

뱃장*에 활어 바다로 뛰어들듯
숨도 쉬지 않고
몸부림에 목숨 걸고
펄떡펄떡 뛰는 생선
엇비슷 설설 썰은 생선회 한 점
고추장에 푹 찍어 입에 넣고

소주 한잔 곁들이면
꿀 같은 이 맛

어부 마음 알 수 있을까.

＊화안(花顔) : 꽃처럼 아름다운 여자의 얼굴.
＊뱃장 : 목선(木船)의 안쪽 바닥.(고기를 잡아서 보관한 곳).

바다에 섬 섬

저것이 바다여 바다!
갯가 바위에서 보면 저 멀리
원을 그리는 수평선이 있고

바다 위에서 기어가다 앉은 섬
낮잠 자며 코 고는 섬
선잠 깨 발 비비는 어린 섬
다리 꼬고 앉아서 쉬고 있는 섬
걸어가며 장난치는 섬

낚싯대 던져 놓고 고기 잡는 저 섬은
부지런한 섬 그래서 부자 섬

섬 사이를 흐르듯 가는 뱃머리에
먹이 찾는 갈매기 날갯짓 분주하고
바닷물 가르며 미끄러지듯 가는
저 여객선은 섬 친구와 생선에
초고추장 푹 찍어 소주 한잔에
이야기 나누려고 가는 배

아! 바다!
젊은 날의 추억을 고스란히 간직하고

의욕이 넘칠 때
꿈을 설계하던 섬
내 청춘의 바다!

갱-변가 고향마을

섬 고향 마을 앞에 갱-변이 있다.

모래 언덕에 해송이 재식 훈련하는 바닷가에
잔파도 부채로 낮게 밀려와
쪼잘 쪼잘 춤추다 자갈 속으로 숨은
갯가에 앉아 수면에 시선을 깔아 놓을 때
아득한 수평선에 어선 한 척 위태로이
까마득하다.

잔파도 일렁이는 물비늘 위에
저녁노을 수면에 깔릴 즘
물결 없이 흐르는 듯
또 다른 황포돛배 한 척
노을 한 움큼 안고 실바람에 밀리 듯
헤엄쳐 가고 있다.

갯마을 초가집 굴뚝 저녁연기
용오름 할 때 참새 떼 초가지붕
이엉에 뛰노는 어촌마을
솟구치는 평화
물고기가 빼끔 질 하는
어촌 저녁 갱-변

자연이 깔아놓은 평화
한 줄기

화창한 날에는

화창한 날에는 사랑하는 사람과
산 정상에 올라
흐리하게 멀리 앉은 산을 보고
야호! 몇 번 하고 나면
상쾌한 기분이 든다.

산행을 만끽하고 내려와
산어귀 주점 들마루에 앉아
생두부 허리에 풋김치 감아
막걸리 한 사발 주우 욱
목을 축이고 집에 와
따뜻한 물로 목욕하고

식탁에 앉아 과일 먹으며
정담을 나누다
침실에서 레슬링 한 번 하고
푹 자고 나면

피로 회복에 더 이상은 없다.

마음은 거울이다

인간은 태어난 순간부터
선과 악에 물들지 않는
맑고 깨끗한 마음 그 자체다.

자라면서 선한 마음이든
악한 마음이든 조금씩 물들어간다.
선은 선하게
악은 악하게
물이 들었구나! 할 때는
많이 든 것이다.

선이 들면 맑고 깨끗해지지만
악이 들수록 혼탁함과 비열함
부정행위 비굴함이 난무하여
질서를 흐리게 하고 난 뒤에는
깨달음이 들어 선으로 바꾸려 하지만
도를 아무리 닦고 닦아도
선으로 되기 어렵다.

기왓장을 닦아서
거울 만들려는 것과
같은 것이다.

잠에 취한 물고기

오뉴월 뙤약볕이
호수에 쏟아지고 있다.

호숫가에 늘비한 버드나무 가지
낚싯대가 되어 머리를 물속에
처박고 더위 식히려 실바람에도
흐느적이며 수면에 원을 그린다.

물고기 먹이 달라 보글보글
거친 헤엄에 수줍은 얼굴
주둥이 빼꼼 빼곰

더위 속 먹이 구하려고
이리 뛰고 저리 뛰며 지친 삶에
꼬리가 짧아진 줄도 모르고

힘든 몸풀기 위해
호수 속 바위틈 그늘에서
눈만 끔벅끔벅

휴식을 취하는 건가

현재라는 시간은

과거, 현재, 미래 중에
가장 빠른 시간이 있다.

과거와 미래 사이에 있으나
보이지도 않게 서서히 왔다
깜짝할 사이에 과거로 변해버린
현재라는 시간이 그것이다.

현재라는 시점을 거쳐 순간에
과거로 변하면서 인간의 주변을
수없이 스쳐 가지만 그 감각을
느끼지 못하고 태평하게 보내고 있다.

순간의 시간을 의미 없이 보내면
남아 있는 미래가 조금씩, 조금씩
줄어드니 이 순간이 얼마나
중요하고 소중한가

미래가 단절 돼버리면
현재라는 시간이 오지 않고
모든 것이 끝이다.

쌓여 있던 과거 사연마저
타인의 기억 속에
남아 있다가 그것마저
지워지지 않을까?

나이테

나무 나이테를 말하려는 것이 아니고
인간 나이를 말하려는 것도
더욱 아니다.

삼동설한 강하게 버티는 과정에
생기는 부분이 강해져서
둥근 테로 보이는 것은
어렵고 힘든 것을 넘기는 흔적이다.

인간도 살면서 자동으로
먹어지는 것이
나이지 나이테는 아니다.

어려운 일을 수십 번 겪으며
해결할 능력이
숙련돼 있으면

그것이
인간 나이테다.

다른 곳에서 찾지 마라

행복과 불행은
다른 곳에 있는 것이 아니고
내 마음속에 있다

어느 것을 찾든 당신이
찾고 싶은 것이 찾아진다.

행복을 외부에서 찾으려 하면
불행이 커지고 행복이 작아지고
행복을 내부에서 찾으려 하면
불행이 작아지고 행복이 커진다.

행복과 불행은 다른 곳에서
찾을 요소가 아니고
바로 내 마음속에서
찾아야 할 요소다.

나의 존재

마음으로 생각해서 내가 움직이고
아는 이의 얼굴색을 읽으며
담소를 하면서 하루를 보내는 것은
내가 살아 있다는 의미다.

주변에 물체를 보면 고유의 색이
허공을 통해 내 시야에 들어온다.

한 물질을 보다 시야를 돌리면
다른 물질이 나타난다.
물질의 색을 보고
느낀 대로 말하는 것도 내가 살아서
생각할 능력이 있다는 것을
말하기도 한다.
그러므로 색즉시공(色卽是空)이다.

내가 무엇을 하든
숨 쉬고, 먹고, 자고, 가고, 오고
일하다 쉬는 것도 내가 존재함으로
언제 어디서나 땅과 허공 사이에서
이뤄진 행위이다.

나의 고유의 색을 갖고 아는 이에게
가까이 가면 알아주는 것도

허공 속에
나의 존재가 아닌가.

깨닫지 못한 삶

성목(成木) 한 그루에서 좋은 열매가
열리기도 하고 나쁜 열매도 열린다.

수확할 시기가 되면 좋은 것과
못난 것을 골라 떠나보낸다.

인간도 잘난 놈은 잘난 대로 살고
못난 놈은 못난 대로 산다지만
인간의 삶을 어찌 한낱
과일 행로에 비할 수 있을까

생명이 있는 모든 것은 자연 속에서
태어나 자연 순리대로 살아가는데
인간만큼은 독특한 자기 방식대로
살아간다고 하지만 사는 방식은
서로 비슷한 행로가 아닌가.

삶의 원리가 자연 속에
들어 있으나 깨닫지도
느끼지도 못하고 사는 것이

인간의 삶이 아닌가 싶다.

인생의 단면을 본다

유실수 묘목을 많이 심어 놓으면
성목(成木)이 되어 과수원(果樹園)이 된다.

봄에는 싹이 트고
여름에는 꽃 피고
가을에 열매 맺으면
겨울 오기 전에 잎이 떨어지고
열매도 가지를 떠날 준비를 하다
결국 떠나고 만다.
성목은 맹하니 서서
허전스러운 나목이 된다.

떨어진 잎을 내려다보고
떠나간 열매를 생각하며 맹하니
깊은 상실감에 잠긴다.

보내고 떠나가는 것이
자연 순리라 하지만
가고 나니 너무 허전하여
외로움에 아쉬운 마음 달래 본다.

그래!
그들에게도
봄이 올 것이다.

세 가지 다른 것

이 세상 만물 중에 같은 종류는 많이 있으나
똑같은 모양을 하고 있는 것은
하나도 없는 것 세 가지가 있다.

그 첫째 돌이요
둘째는 나무요
셋째는 사람 얼굴이다.

어쩜 이렇게 세밀하고 정밀하게
각기 다르게 구성돼 있는지
신의 조화가 아니면 이룰 수 없고
자세히 볼수록 신기하고 묘하다.

과학이 고도로 발달돼 있고
더 발달이 된다고 해도
이들의 각기 다른 원인을
알 수 없고 밝혀낼 수 없을
것은 분명하다.

성격과 성품이 각기 다르고
특색이 다르기 때문이 아닌가!
섭리의 원리가 아닌가!

참
묘하고 신비해!

행복 중의 행복

누가 내게 기쁨을 줘서 즐거운 것은
행복이 아니다.

남의 주머니에서
'너 가져라!' 하며 준다고 해서
내 행복이 될 수가 없고
남의 행복을 보고 즐거워하면
그것은 남의 행복에 잠시
동승한 것이지 내 행복이 아니다.

행복은 타인에게 있는 것이 아니고
저 멀리 있는 것도 아니며
마음 깊은 곳에서 즐거움 하나가
살며시 생각나
입술에 엷은 웃음이
나오려 할 때

그것이
행복 중에 행복이다.

제2부

넘치는 사랑은 하지 마라

행복으로 가는 비결

행복은 현시점에서 몸과 마음이
편안하고 가볍게 할 일이 있으면서
즐거운 마음이 있는 것을 말한다.

행복은 자아 성찰이 잘 되어 있는
사람은 유동성이 느리거나 없고
자아 성찰이 적고 낮은 사람은
마음 유동성이 빠르고 크다.

행복하면서 그 척도를 모르고
더 행복해지려는 이들이 있고
물질이 주는 달콤한 행복이
영원할 것이라고 생각하는
이들도 많이 있다.

가난한 사람에게 약간의 돈을 주면
그 돈을 다 쓸 때까지는 행복하나
다 쓰고 나면 다시 불행해진다
마음이 돈 쪽으로만 향하다 보면
불행의 늪으로 빠지고 만다.
행복을 만끽하다 어려움으로 추락하여
마음고생 하고 난 뒤에

'아! 그때가 행복했구나!'
하지만 때는 이미 늦은 것이다.
행복할 때 마음 조절 잘하여
오래 가도록 지혜로운 마음
가져야 하나 그렇지 않으면 놓치고 만다.

행복 속에 헤매다 보면 순간적으로
무신경에서 돌이킬 수 없는 불행으로
빠져 버리고도 깨닫지 못하기도 한다.
행복과 불행은 마음속에 있으므로
불행 요소를 선한 요소로 바꿔서
바른 정신이 싹트게 해야 하고
불행 요소는 못 나오게 하여
선의 기를 발휘 하고
작은 것에 만족을 느낄 수 있는
마음을 가져야 한다.

타인이 행복해하는 것을 보고
"나는 왜 저렇게 행복하지 못하나"하고
낙심하지 말고 현재의 나의 생활에
희망적이고 의욕적인 마음을 가져야 한다.

남의 행복에 매혹되면 나도 모르게
불행의 함정으로 빠지기 쉽다.
타인 행복영역 나의 행복영역이 서로
다르다는 것을 알아야 하고
힘들고 빈약한 것을 부끄러워하지
말아야 한다.

선함을 실생활에 실천하여 만족을 느껴
당당한 생활을 해야 하며
이것이 습관화되면 마음 여유가 생겨
행복과 불행을 구별할 줄 알고 마음을
잘 다스리는 것이 자아 훈련법이다.

행복이라는 것은 내 생활을
여유로움으로 발전시키면서
나의 존재가 소중하게 생각되어
좋은 삶을 살 수 있는
길인 것이다.

흔들리는 것 그것이 존재다

늙은 소나무 홀로 수백 년을
마을 어귀 지키며 햇살 뜰 때마다
아침놀 가슴에 안고
저녁놀 기다리며 가지 흔들림을 계속한다.

누구를 향한 애원의 손짓인지 알 수 없지만
가지마다 서로 다른 방향으로
저녁노을 산그늘 밀고 오지만
흔들림은 멈추지 않는다.

학(鶴) 한 쌍 우람 날개 접고
가지에 앉아 숨 고르기 하려다
앉지 못하고 이방으로 날아가니
학 날개에 노을 지고 번쩍이며 나르니
그림자도 따라서 날아간다.

바람이 흔드느냐!
가지가 흔드느냐!
세상이 흔들려 따라서 흔드느냐!
흔들지 않아도 흔들어지는 것

그것이 존재다.

당신 뜻대로

참새 한 쌍이 날아가는 것
인간의 힘으로 방향과 뜻을
조절할 수 없고 날갯짓을
멈추게 할 수 없다.

그 들이 무슨 생각을 하고
허공을 나는지 더욱 알 수 없다.

다만 내 머리 위에
둥지 트는 것은 막을 수는 있다.

당신이 무슨 생각을 하는지
타인이 알 수 없듯이
내 생각을
당신 머릿속에 넣을 수 없고
당신 생각을 내 머릿속에
넣을 수 없다.

당신 머릿속에 악의 집을 짓던
선의 집을 짓던

당신 뜻대로 할 수는 있다.

오를 때 못 봤다

산 정상을 향해 오를 땐
흙바닥 풀뿌리만 보고
헉헉하며 올랐다.

땀방울 손등으로 닦으며
턱밑까지 찬 숨 쉬느라
정신이 몽롱했지만

정상에 올라 "야호" 하며
소나무 그늘에서 바람을 맛보고
흘러가는 구름을 보았다.

오를 때 보지 못한
나뭇가지에 뛰노는 참새
내려오면서 보았고

풀숲에 허리 휜
할미꽃 송이도

보았다.

삶의 여유

세상 모든 것 다 잊고
흐르듯 멈춘 강가 언덕에
홀로 앉아

낚시에 미끼 끼워
강에 던져 놓고

고기가 언제 미끼를
물지도 모르고
기다리는 것은

세상의 모든 평화
혼자 다 차지한 하루

해가 기울면 도구를 접어
돌아오는 것은
생활이 여유로운 사람의

한 삶인 것을

신비(神秘)

구름이 스칠 듯 쉬어가는
마을 뒷산 중턱에 홀로 서 있는
나이든 소나무[老松] 한 그루

바람 따라 흔들리는 폭이 너무 커
부러질 듯 휘어지다 늘어지며
비틀거리는 몸부림은
구름 따라 걷고 싶은 몸짓인가
뛰고 싶은 몸부림인가
날고 싶은 애원인가.

수백 년을 한 자리에
움직이지 못한 신비의 몸짓을
인간들이 인식하지 못하고
지나쳐 버린 것은 알아주지
못한 의미가 분명하다.

너의 삶 나의 삶이
마주 보며 살아간다는 것이
신비할 뿐이고.
물 흐르듯 나도 같이
살아간다는 것이 더욱
신비할 뿐이다.

어디 없을까

팔이 세 쌍 달린 사람이
도시 거리를 걷는다.

하늘을 보고 땅을 보며 걷다가
잠시 걸음 멈추고
대형 건물에 걸린 TV를 보니
검은 뉴스가 한 상자다

맨 앞 팔로 눈을 가리고
두 번째 팔로 가슴을 안고
세 번째 팔로만 젓고 걷는다.

어디 조용하고 살기 좋은 곳
없을까 생각해 보지만

금방 생각나지 않아
오던 길로 돌아간다.

어디 없을까?

그냥 있다

세월이 잘 간다고 하고
시간이 잘 간다고도 하며
계절이 잘 간다고도 하고
일 년이 금방 간다고도 한다.

인간의 느낌이 가는 것이지
시간이나 세월, 계절은 되돌림으로
제자리에 그냥 있을 뿐이다.

세월 속에 시간은 가지 않고
시간 속에 세월도 가지 않는다.
다만 자연 속에서
그 자리에 있을 뿐이다.

이들은 인간이 사는데 필요한
생활 도구인 것을
간다, 안 간다 하며
나이 계산속에 살면서
자신의 생이 줄어들고 있다는 것을

느낄 뿐이다.

행복과 불행은

행복과 불행 두 가지는
마음속에 다 들어 있어
어느 것을 싹트게 할까 하고
마음속에서 꿈틀거리고 있다.

마음은 행복과 불행을 발생시키는
창조(創造)의 산물(産物)이다.

선하게 창조하면 행복하고
악하게 창조하면 불행이 싹튼다.
기쁨은 행복의 산물 이어서
즐거움이 커져 더 기쁘고
악한 마음은 불행의 산물이어서
속으로 파고들면 더욱 괴로워진다.

어렵고 힘들어도
이것이 내 삶 행로라고 생각하면
행복하고 재물이 많은데도
더 가지려고 욕심부리면
그것이 불행 씨앗의 원천이다.

당신 마음이 한 가지만
싹 트게 할 수 있는 당신만의

특권이 있다.

넘치는 사랑은 하지 마라

사랑하고 싶은 사람을 만나고
있다고 해도 사랑한다고
성급하게 말하지 마라
사랑할 듯 말 듯
상대 마음을 잘 읽고 그 뜻을
알아주는 대화를 하면서
서서히 접근하는 접근법을
잘 이용해야 한다.

어설피 서두르면 실패하기 쉽다.
사랑은 줄 당기기라고 하지 않았는가.
성질 강한 나무가 쉽게 부러지듯
열열할수록 부러질 날이
점점 다가오고 있기 때문이다.

순간 상대가 미워 보일 때도 있다.
이럴 때는 그 사람 주변을 피하여
시간을 보내라
더 미워지면 자신도 모르게
미운 표현이 되어 언쟁이 나와

감당하기 어려운 껄끄러운 사이가
되기 쉽다.
시간이 흐르면 더 좋아질 수가 있다.

사랑한 사이에는
사랑 담는 그릇이 있어
서로 채워가는 과정이
너무 중요하기 때문이다

뒤를 돌아봐라

인간과 약속한 것도 아닌데
계절은 순서에 따라 정확하게
인간이 사는 주변에서 바뀌지만
한 계절 한 계절을 무감각으로
보내고 있다.

인간들아!
계절이 오고 감을 무신경으로
보지 말고 계절과 계절 사이에
산길 들길을 조용히 걸으면서
진 맛을 느껴 봐라

가는 계절을 생각해 보고
어제 일을 생각하여
오늘의 마음을 깊이 생각해 봐라

지난 내 발자취가 저만큼
헝클어져서 사라져 있지 않은가

지난 삶을 다시
되돌려서 들여다보면

새로운 몸과 마음으로 펴져
내일 더 넓게
펼쳐질 것 아닌가.

긴장은 언제나 있다

모든 동물은 움직이는 것이 본능이다.

언제 어디를 가나 초조와 긴장이
주변을 맴돌고 있으나 그것을
인식하지 못하고 열심히 움직이고 있다.

인간도 예외는 아니어서
움직일 때나 가만히 있을 때도
느끼지 못하고 설마, 설마 하고
활동하지만 예기치 않는 일을
순간적으로 당하는 것들이
수 없이 많이 일어난다.

사는 동안 기쁨이 하나면
슬픔과 괴로움은 칠이나 팔이 된다.

어려움을 극복하려고 발버둥
치는 것은 살려는 것이고
살아 있다는 증거이다.

움직이는 순간, 순간이 생명이
연장되고 있다는 것을 의미한다.

그 속에
나도 있다.

지상낙원(地上樂園)

산 정상에 올라 목청껏
소리 지르기도 하고
바다에 풍덩 빠져 수영하다 지루하면
햇살 가리고 낮잠 즐기며
모래밭에 뒹굴어 보기도 한다.

계곡 물가에 민돗자리 깔고 앉아
한쪽 다리 물에 넣고
오른손에 소주잔
왼손에 안주 들고

함박웃음에 즐거움 만끽하다
하루가 기울어 집에 오면
몸은 녹초가 된다.

침실에 누웠다
아침에 깨면 기분이 상쾌해진 곳이
바로 내 집이다.

그래서
지상낙원인 것을

교육의 두 가지

모든 동물은 신의 창조로
본능이라는 것을 갖고 태어난다.

인간을 제외한 다른 동물은
본능 그대로 살아가고
인간은 두 가지 교육을 받아야 한다.
지식과 인성이 그것이다.

지식은 직업을 갖기 위한 교육이고
학교에서 배우며
인성은 인간과 인간관계에 관한
교육으로 집에서 부모에게 배운다.

지식은 강하지만 인성이 빈약하여
인간 구실을 못 해 비난을 받는
이들이 있고

지식은 약하나 인간 구실을 잘해서
그 위상이 올라간 이들도
많이 있다.

지식은 우산 살 하나이고
인성은 우산 전체를
말하는 것이기 때문이다.

진실(眞實)이라고 하는 것

오직 인간만이 사용하는 말이 있다.
진실이라는 말이 그것이다.

선하고 착하다는 뜻이
다른 사람에게 사실대로
말과 행동을 하는 것을
말하기도 한다.

어제도 그렇게 했고
오늘도 그렇게 하고 있으며
내일도 그렇게 할 것이라고
주변에서 인정해 주는 사람이다.

생활을 진실하게 실천한다고
주변에 소문이 퍼져 있고
그것이 습관화돼 있다고
그를 확신한 사람이 많으면
진실하다고 인정받은 사람이라고
할 수 있다.

그 사람은
그의 미래에 꽃이 피고
믿고 사는 세상
밑거름이 된다.

한 줌의 행복

배추 밭골로 엷은 바람 지나가듯
작은 기쁨에도 크게 웃었던 일이
퉁지고 강하게 새겨 졌다고 해도
시간이 가면 살며시 사라져 버린다.

작고 가늘게 어려운 일이라도
큰 매듭으로 남아 있어
적은 실마리에도 크게 생각나며
마음속에 깊게 새겨져
평생을 따라다닌다.

작은 슬픔에도 매듭 남길 일을
하지 않으려고 하지만
어쩔 수 없이 새겨지면
그 흔적을 지우려 해도
지워지지 않아 강한 매듭이 되어
없었던 것으로 하기에는 너무 어렵다.

어려운 일이 올 때 해결 했던
방법으로 해소하고 나면
이마에 땀방울 손 등으로 닦을 때
손바닥에 고이는 행복 한 줌으로

오늘이
유순하고 편안하다.

희망은 언제나 있다

어제 못한 일을 오늘 다 하고
내일은 더 좋은 일을 찾아야 한다는
마음으로 오늘을 맞이한다.

누구든 할 일이 있어야 하고
없으면 찾아서 해야 하지만
그것도 없으면 캄캄한 방에
홀로 앉아 있는 것과 같다.

나이가 많아 빈약한 기력이라도
달 밝은 밤에 반딧불 잡으러 가려는
의욕이 있으면 충분하고
무언가 이뤄야 한다는 마음으로
매진한다면 희망은 언제나
싹 틀 수 있다.

의욕으로 이룬 성공은
찬란하게 빛날 것이다.

갑질의 횡포는

송아지를 사다
성우가 될 때까지 주인은 잘 키웠다.

어미 소는 새끼를 낳아 사랑하는
마음으로 젖을 먹여 잘 키웠다.

어느 날 논에서 일을 하고 돌아오니
외양간에 새끼가 보이지 않아
어미 소는 새끼를 찾으며 슬프게 울었다.
"애야 어디 갔냐. 와서 젖 먹어라."하며
슬피 우는 어미에게
주인은 먹이를 들고 가까이 와서 말했다.
"야! 너 많이 먹고 일 열심히 하고
착하게 살아라. 응!"했다.

어미 소는 주인을 향해 눈을 부릅뜨며
얼굴을 뚫어져라 쳐다보며
콧물, 눈물 섞인 침을
주인 얼굴 향해 "퉤" 뱉으며
"내가 일 다 해서 열매 맺게 했는데
열매는 당신이 다 따먹고

새끼까지 낳았는데 당신이 팔아먹었으니
언젠가는 나도 팔아먹을 것 아냐!"

"그 말은 나에게 할 말이 아니고
당신 먼저 깨달아서 착하게 살다
남은 인생 편안하게 살아야지 않아?"

"에라 퉤에"….

대화에 신사(紳士)가 되어라

선술집 사각 창 옆 원탁에
젊은이 서너 명이 앉아 대화가 한참이다.

고급안주에 흐를 듯 따라놓은
맥주잔이 예쁘고 훈훈한 분위기가 부럽다.
대접해서 좋은 건지 대접받아 좋은 건지
알 수 없지만 친한 사이가 분명하다.

대화 내용은 알 수 없지만
친구들 얼굴 표정이 각각이다.
한 친구 귀담아듣는데
한 친구는 동요하지 않고 딴전 피고
한 친구 불쑥 큰 소리로 다른 말을 하니
당황하여 말을 멈춘다.

서로 대화가 맞지 않아
자기가 하고 싶은 말에만 신경 쓴다.
순간 어색하고 묘한 분위기가 연출된다.

대화시간 끝나면
기억 난 것은 아무것도 없다.

서로 뜻 이해하고 알아주면
마음이 통하는

신사가 될 텐데

혼자 살든 둘이 살든

인생을 영유하면서 간혹 자기를
들여다봐야 한다.

깊이 들여다보면 후회스러움이
많아 비극이고 멀리 놓고 보면
남의 일로 생각되어
"그때 왜 그렇게 했지!"하며
싱긋이 웃음 나오면 희극이다.

혼자 살아가면
외롭고 힘들 거라 생각하고
둘이 산다면 즐거움이 많아
행복하게 살 수 있을 것 같으나
기쁜 일이나 괴로운 일은
혼자 살든 둘이 살든
누구와 같이해도

언제나 있기 마련이다.

제3부

책을 읽는다는 것

백합화(白合花) 웃음

낮에는 햇살을 밤엔 달빛을 품은
장미꽃이 만개한 정원이 있는 집안은
아늑하고 평온하다.

꽃잎에 맺힌 아침 이슬이
식구들의 청순함을 의미한 것 같아
온화하고 평화롭다.

쟁반에 구슬 구르는 소리인 듯
천진스러운 아이들 웃음소리가
거실 밖으로 터져 나오니
평화롭고 화목하여 예쁘다.

식탁에 둘러앉은 백합화 얼굴에서
멈췄다 터지는 엷은 미소가
집안에 퍼질 때 청순하고
화목한 그것이다.

순백한 사랑이 집 안에 있기에
그 힘 하나로 오늘을 열고
그 힘 하나로
내일의 나래를 펴 본다.

그 시절

하늘에 구름 한 점 없는
봄 어느 날

물 고인 논에 종이배 만들어
바람에 밀려 보내고
“아차! 잘 간다 잘 가.”
소리치며 천진스럽게
뛰놀던 그 시절이
까마득한 지금은

싱그러운 봄이 와도
그 시절 그 마음으로
돌아가지 못한 것은
삶을 영유하기 위해 헤매다 보니
마음속에 풀지 못할
굳은 마음이 생겨
부드러운 마음이
발생 되지 않기 때문이

아닌가 싶다

낯설은 곳

텃밭에 배추 모종을 하였는데
배추가 이상한 마음이 들어
주변을 보고 두리번거린다.

사방이 낯설은 것들뿐
친근감이 든 것은 하나도 없다.

고개 숙이고 눈치를 보니
무잎, 고추나무, 가지까지 외면한다.

무관심에 텃세 부리듯
따사로운 눈총만 가득하다.

언제쯤이면 낯익어
서로 웃으며 얘기할 때 오려나

자연은 비, 바람, 햇빛, 온도
똑같이 주는데
내 마음은 비어 있는 줄
언제 알려나.

단 한 번도

한여름에는 느티나무 넓은
그늘 속이 시원하고 좋다.

가지가 길고 잎이 넓어
깊은 숲속 가장자리에 있는
긴 의자에 앉았다 누웠다 하며
구름이 떠가든, 바람이 불든
벌, 나비가 윙윙거리든
아랑곳하지 않고
하루고 이틀이고
복잡한 삶에 신경 쓰지 않고
책 한번 읽어 봤으면 하는
마음이 간절하지만
지금까지
이런 시간 한 번도 갖지 못했다

책 속에 깊은 시름이
내 머리를 휘감아
마음이 울적해도
싫증 내지 않고

갚을 수가 없다

지구상의 모든 먼지를
다 없앨 수 있다고 해도

바닷물을 다 마셔서
없앨 수 있다고 해도
허공의 높이와 무게, 넓이를
잴 수가 있고
계산할 수 있다고 하여도
바람을 막고 설 수가 있다고 해도
태양의 불덩이 속을
드나들 수 있다고 해도

부모님의
마음을 알 수도 없고
은혜를 갚을 수가 없다는 것을….

나이와 경륜

지구상 동식물 중에
인간만이 나이를 세면서 살고 있다.

나이가 많다 적다 하며 다툼을 하는 것은
서로 위엄을 나타내기 위한 기 다툼이다.

나이는 살아온 기간을 숫자로
계산하는 것이고 삶의 경륜이
쌓였다는 것과는 다른 의미이다.

나이가 많아도 경륜이 약한
사람이 있고 나이가 적어도 경륜이
많이 쌓인 사람이 있다.

경륜이 많으면 생활이 엄정하여
매사에 실수가 없고 경륜이 적으면
매사가 경솔하여 주변 사람에게
실수가 많다

경륜에는 나이가 많고 적은 것이
문제가 아니고 자기 삶의 방식에

차이가 난다

나이와 상관없다

인생은 오십부터라고도 하고
육십부터라고도 한다.

인생은 세상에 태어난
순간부터 시작된 것이 아니던가.

살아온 기간을 숫자를 이용하여
먼저 태어나고 나중에 태어남을
표시하는 것이지
삶의 경력과는 아무런 상관이 없다.

그 나이쯤이면
인생의 맛과, 의미를 알고
이해한다는 것이고
나이 삼십을 혹, 혹이라 하고
사십을 불혹 나이라 하며
오십을 지천명(知天命)이라고
말하는 것은 자연 순리대로
살아야 한다는 것을
깨달았다는 것이 아닌가.

삶의 뜻을 말이요

책을 읽는다는 것

책을 읽는다는 것은 속에 든 뜻과 의미를
이해하고 알아간다는 것을 말하는 것이다.

학술, 역술, 의술 폭이 넓은 분이
써놓은 책을 읽어 나의 정신세계를 살찌게 하고
지혜인과 지성인이 되도록
마음 폭을 넓혀 가는 것이다.

선각자의 인생관을 본받아
간접 경험을 통하여 내 것으로 하면
교양과 상식의 폭을 넓혀 나의 실생활에
접목하는 것이 아닌가.

아무리 몸이 건강해도 책을 읽지 않으면
정신세계가 빈약하여 바보로 인정하여
추한 삶을 산다는 것을 의미한다.

많이 읽어 지혜 폭을 넓혀
생활을 윤택하게 하고 삶의 뜻과
의미를 알아 확실한 인생관을 세워

현명하고 평화롭게 살아가는 것은
내 생의 의미와 여유를 갖고 사는
고등동물인

인간이 아니겠는가.

섭리에서 와서

섭리 따라 세상에 왔다

수십 년을 섭리대로 살면서
무엇인가 이뤄보려고 노력했으나
이뤄진 것이 미약하지만
그것이 섭리의 뜻이라 생각하며
자랑스럽기도 하지만
만족을 채우지 못해서
아쉽고 서운한 마음이 있으나
그것으로 만족해야만 했다.

괴로웠던 일은 생각이야 나겠지만
슬퍼하는 마음 갖지 않을 것이다.
황홀했던 것 기억하고
나를 알아준 사람 마음속에 남기고
그들 얼굴 생각하며
언젠가는 손 흔들며 갈 것이다.
같이 할 때가 즐거웠노라고
내게 슬픔 줬던 이들

그 상처가 내 삶이 더 발전할
기회가 되더라고 말하며
손 흔들며 갈 것이다.

나를 기억한 이들아
인생은 새옹지마(塞翁之馬)이고
요철(凹凸)이더라

윗물이 고와야

갓 태어난 아이는
아직 선(善)이나 악(惡)의 마음에
물들지 않는 백색인 자연
그대로다.

점점 자라면서 부모가 만들어 놓은
집안 환경과 여건에 세습되어 가며
아들은 아빠 따라 하고
딸은 엄마 따라 커 간다.

선한 말과 행동을 하면 선하게
악한 말과 행동을 하면 악하게
부모가 하는 그대로 따라서

윗물이 고우면
아래 물도 곱고
윗물이 혼탁하면
아래 물도 혼탁하게

그렇게, 그렇게
흐른다.

진짜 봄, 봄

개나리나무 날개 가지에
개나리꽃 한 줄 피었다고
봄이라고 할 수 있겠는가.

수많은 꽃이 여기저기 만발하면
그때가 봄 중턱

뒷산 진달래꽃 활짝 피고
목련나무 가지에 목련꽃
대롱, 대롱 매달려 홀랑 활짝 펴고
개나리나무 가지에 개나리꽃
날아갈 듯 만발하면
그때가 봄의 만삭

꽃술 대롱에 꿀 찾는 벌 한 마리
제 날갯소리에 놀라
화들짝 이방(異邦) 뛰어가고

앙금가지* 꽃잎에 화하는 사이
향기도 허공으로
퍼져 갈 때

그때가 진짜 봄이지

* 앙금가지 : 마음속에 남아 있는 개운치 않은 감정의 가지를 말함.

자신을 알라

소크라테스는
“너 자신을 알라”고 했다.

한 제자가
스승에게 물었다.

“스승님은 우리보고
너의 자신을 알라고 하셨는데
스승님은 스승님의
자신을 알고 계십니까?”

“나는 이미 나의 자신을
모르고 있다는 것을 알고 있다.

너는 내가 말한 뒤에야
너의 자신을
모른다는 것을 알았다”

그것이 자신을
알아가는 과정인 것이야

똑같은 시간

신(神)은 생명이 있는 것에게
누구에게나 똑같이 대가 없이
주는 것이 있다.

시간과 빛과 공기, 온도, 습도가
그것이다.

나의 것 너의 것 나누어 준 것
하나도 없고 필요하면 맘껏 쓰면서
생명을 연장하는데 필요한
동식물들에게 없어서는 안 될
생활 도구를 준 것이다.

이것을 어떻게 사용하느냐에 따라
존재가 서로 다르게 나타나고
잘 사용하면 영화가 있으나
잘못하면 불행이 온다는 것을
자연 순리 속에 다 들어 있다.

이것을 늦게 깨달아 불행 속에서
허우적인 뒤에 행복으로
전환하려 하지만 때는 늦은 것을

깨달음이 문제다.

그녀는 신의 조화

옛날식 아늑한 찻집에서
사각 창으로 스며든 햇빛으로
달구어진 커피잔을 식탁에 놓고
마주 앉아 대화를 나눈 그녀는
정말 예쁘고 멋있다.

음성은 쟁반에 구슬 구르는 소리 같고
얼굴에 뜨는 미소는 장미 꽃잎 이슬에
반짝이는 아침 햇살이다.

분명 신의 조화가 아니면
창조할 수 없는 그녀임이 틀림없다.

바람 없이 잔잔한 호수면 같은 마음은
신의 정성이 깃든 것이 분명하며
무어라 형영(形影)할 수 없는
신비로운 그 자체다.

마주한 그녀에게서 풍기는
향기에 취해 황홀경에
빠지기에 충분하다.

미녀로 창조한 주인공이
신이라는 사실을

누구나
그녀를 보면 알게 된다.

사랑의 완성

아름다운 그녀에게 매혹되어
사랑하고 싶은 마음이
허공 속을 허우적이며
헤매다

한순간
사랑할 기회가 온 뒤에

유희본능(遊戱本能)으로
섞이는 소리가
날 때는

사랑이 완성됐다는
것의 의미이다.

삶이 무엇이더냐?

삶이 무엇이더냐? 하고
누가 내게 묻는다면

눈, 비, 바람 불어오는
산길을 걷다가

작은 언덕 아래서
몸도 마음도 잠깐 머물다

햇빛 나고 구름 낀 날이든
아랑곳 않고 진흙탕 건너
돌 산길을 걷다

목마르면 옹달샘에서
허름한 바가지로
물 한 모금 얻어
마시고 가는 것이

아니더냐. 라고

희망 날개를

희망과 의욕이 넘친 것은 좋으나
계속 솟아오르지 않는다는 것을
알아야 한다.

실망이나 절망이 있을 때에도
그것이 계속되지 않는다는 것도
알아야 한다.

희망을 소홀히 생각하다가
절망 속으로 빠질 때가 있고
슬픔 속에 헤매다 기쁨이 싹 터서
희망으로 솟을 때도 있다.

절망이 올 때는 희망을 준비하는
마음이 필요하고
슬픈 일이 있을 때도 기쁨을
맞이할 수 있는 마음이 필요하다.

이것이
생을 포기하지 않고
힘차게 나래를 펴며
쌓아 가는 방법이다.

딱 한 사람

생활하다 보면 예기치 않게
어려운 일이 생겨서 당황스러울
때가 있다.

평범하게 살려고 노력하지만
그렇지않은 것이 삶인 것을
어쩔 수 없이 해결할
방법을 찾아야 한다.

내가 실수해서 올 수도 있고
타인 실수로 인한 불똥이
내게로 튀어 올 수도 있다.

이럴 땐 마음이 공황 상태가 되고
기분이 언짢아 몹시 괴로울 때
용기를 줄 수 있는 딱 한 선배가
있다면 그의 삶의 경험을
내 생에 접목하면 삶을 지름길로
살 수 있으련만

그런 선배
아직 만나지 못했다.

네 가지의 빛

햇빛이 있고
달빛도 있으며
별빛도 있다지만
또 하나의 빛이 있다.

공원 느티나무 그늘 속에서
연인과 긴 의자에 앉아
꽃보다 아름다운 얼굴로
입술 끝에 엷은 미소가
나올듯한 모습으로
가까이 더 가까이
서로 보는 눈빛이
또
하나의 빛이다

하루라는 오늘

아침부터 저녁까지를 하루라고 하고
뜨는 해를 보고 집을 나갔다
지는 해를 보고 집으로 돌아온다.

깨알같이 많은 날이 연속인 오늘
하루 동안 해만 보고
헤매는 것이 아니고

마음에 보람을 얻고
손바닥에 물질을 거두려고
사방을 헤매다 보면

찾았는지 버렸는지
허와 실을 생각하며
어두워지면 집으로 돌아오는
하루를 마음속에 두고

책장 넘겨 접듯이
오늘을 접는 것이
하루이다.

커피 한 잔의 여유

도로 옆 가장자리
자판기에서 커피 한 잔씩 들고
친구 서너 명이
향기 섞은 대화가 무르익고 있다.

온기(溫氣) 품은 향기가
갈래 줄기로 용오름하고
날지 못한 향 한 줄기
콧속으로 스며든다.

커피잔 주변을 맴도는
향기 한줄기 훌쩍 목을 축이니

농촌에 막걸리 맛
이보다 더할까.

제 4 부

인간은 수평형

벌 총 맞고

잘 생겼다고 어른들이
머리를 쓰다듬어 주던 그 시절
겨울바람이 추워도
여름에 햇살이 강해도 아랑곳 않고
뒷산 소나무 숲을 오르내리며
뛰놀던 그때에

바위틈에 곱게 맺은 산딸기를 보고
살금살금 기어가
"툭" 따려는 순간
벌 한 마리 전속력으로 날아와
자기 것을 따 먹는다고
'왕왕 윙 윙 휘 핑' 화나 멀리 갔다
이차공격으로 '피잉 붕 핑' 하고
날아와 독침 공격하는 것이 무서워
잔솔 밑으로 엎드렸는데

순간 얼굴에 한 방 먹고
왼쪽 얼굴 퉁퉁 부은 채로 골목을 걷다

"너 얼굴 찌그리다. 찌그리여."
친구들에게 놀림당했던

그때가 좋았어!

관계를 좁혀라

허공에 위성들은 의견 조율도 없이
간격을 잘 유지하며 사랑으로 공존하여
오차 없이 끝도 없이 돌고 있지만
의사전달을 잘한다는 인간들은
매끄럽지 못한 것을 사이에 두고
사랑한 마음으로 채워 보려 하지만
채우지 못한 채 살아가고 있다.

융단으로 재물을 싸서 사랑 자루라고
장담하면서 상대를 자기 방향으로
끌며 좋은 사이라 자랑하지만
유순함이 부족하여 어색함이 영역하다

위장 정세 알지 못하고 재물 유혹에
매혹되어 모른 척 끌려가며
관계를 유지하려고 하지만
발전하지 못하고 껄끄렁으로 유지하다
조금 더 가까워진 척하면
평생을 같이하기로 약속을 하기도 한다.

초기에는 윤기 나게 매끄러운 듯하다
시간이 가면 갈수록 껄끄렁이 더 생겨

좋은 관계가 되려고 애쓰지만
관계가 더 좁혀지지 못하고

살아가는 것이
인간들 사이가 아닌가.

무거운 마음을

"짐을 지고 올라갈 때와 내려갈 때
어느 쪽이 좋으냐?" 하고
등에 봉이 두 개 달린 낙타에게 물었다.

"올라가고 내려가는 것이
중요한 것이 아닙니다.
짐을 내려놓으면 몸은 가벼워지겠지만
마음속에 있는 짐이 문제입니다.
모양도 무게도 없는 것을
어떻게 내려놔야 할지 모르겠습니다."

"그래요!
생명 있어 움직이는 한 마음속에
괴로움이 생기는 것은 당연하지요"

"버리는 방법을 몰라서
어디 가나 지니고 다니면서
숨기고 사는 이들이 많지요."

자신을 돌아보고
선하고 욕심 없는 마음 찾는 것
연습하다 보면 가벼워지겠지만

실지로 행한다는 것이 쉬울 것 같으나
어렵지요

“그래도
늘 연습해야 해요.”

미녀(美女)

진(眞), 선(善), 미(美)라는 잣대를
내세워 미녀선발 대회라고 하지만
외모(外貌)만 보고 선발한 것이다.

이런 여성만을 뽑아 상품 선전에
가치를 발휘하는 여성은
미녀(美女)가 아니며 아름다움
의미와는 거리가 멀다.

미녀(美女)는 외모가 순수하고
평범하며 몸이 빈약하든 퉁퉁하든
키가 크고 작은 것은 상관없다.

5대 요소를 내면에 갖고 있어야 한다.
하늘[天] 같은 마음
산(山) 같은 마음
나무[木] 같은 마음이어야 하며
풀[草]같이 필요한 물질
물[水]은 자연의 대표로서
없어서는 안 될 요소를
내포하고 있어야 한다.

책임과 의무를 다하면서
말과 행동이 순(順)하고 착한 여성이
현모양처(賢母良妻)이며

미인(美人)이다.

그렇게 키운 거여 !

갓 태어난 손녀가 보고 싶어
따로 사는 아들에게 전화를 했다.
"아들이냐" "예!"
"별일 없지?"
"예! 별일 없어요!"
"애는 밤에 잘 자냐?"
"아니요. 자주 깨서 울어요.
내가 조각 잠을 자니까 힘들어요."
"그래! 밤, 낮을 가리지 못해서 그런 거야
그래도 참고 키워야지"
"피곤하고 힘들어요!"
"그래 ! 그럼 피곤하지!"
"조금만 더 크면 가려서 잘 잘 거야"
"힘들어도 키워야지 자식은 다 그렇게
키운 거여 너도 그렇게 키웠어야"
"예 ! "
"내가 너를 키울 때 했던 것을
지금 네가 그대로 하고 있는 거여
다 자라면 스스로 잘해서
세상을 활보하는 것으로 알지만
누구나 부모의 보살핌 속에 크는 거여"

“잘 보살펴 키우면 바르게 크고
안 그러면 삐딱하게 커야”

“너도 그렇게 키웠으니까
참고 키워야 돼”

나는 네가 아니다

우리는 누구나 각각
서로 다른 삶을 살고 있다.

나는 나의 삶을 살고 있고
너는 너의 삶을 살고 있다.

내가 너를 따라 하려 해도
네가 아니기에 할 수 없고
네가 나를 따라 하려 해도
내가 아니기에 따라 살 수 없다.

나는 나의 특색을 살려 살아가고
너는 너의 특색을 살려 연마하여
그것이 발달되면 직업이 생겨
삶의 기틀이 된다는 희망으로
각자의 인생을 살고 있다.

이것이 각각 잘 살아가는
삶의 길이 아니냐.

경(經) 읽는 소리만

고요가 깊고 넓게 깔려 있는
깊은 산중 참새 소리도
들리지 않는 아늑한 산사의
이른 아침

먹이 찾아 하늘 날던 참새
아침 단잠을 깨고 눈 비비고
접은 날개 펴지도 않을 때

세상을 깨우는 아침 예불
드리는 목탁 소리가
새벽 계곡 숲을 깨워
허공을 향해 문을 연다.

흐르는 계곡물도
핑경 소리에 고개 숙이고
독경 외우기에 여념이 없다.

예불 끝난 산사의 아침은
다시 고요로 덮여 숲속 아침은
다시 적막이 감도는데
아침잠 깬 참새들만
아침이 분주하다.

세월이라는 것

내일이 오늘이 되고 오늘이
어제가 되는 것의 반복이다

오늘이 밤이라는 공간을 지나
과거로 변해 버린 공간이 어제도
그랬고 오늘도 그런 것의 연속

"세월이 많이 갔구나." 하지만
가는 것이 아니고 나이가 쌓이니
가는 것 같이 느낄 뿐
세월 속에 시간은 가지 않고
시간 속에서도 세월은 가지 않는다.

한 자리에서 멈춰 있으면서
끝도 없이 반복하고 있다.

자연 속에 인간이 동승하여
그 공간
그 자리에서
자기의 삶을 엮어가며
진실한 삶 하나를 얻기 위해
오늘을 소모하고 있다.

중성(中性)이 되면

남자는 남자 호르몬만
들어 있는 것이 아니고
여성 호르몬도 들어 있고
여성에게도 여성 호르몬만
들어 있는 것이 아니고
남성 호르몬도 들어 있다.

중년이 되면 서로 반반 되어
남자는 여성같이
여성은 남성같이
말과 행동을 하면서

삶의 난간에서
즐기며 살고 있다.

지난 것은

참새 부부가
나뭇가지에 둥지를 틀고
새끼를 낳고 옹기종기
가정을 이루고 살림하고 살았다.

예고 없는 소낙비가
사정없이 둥지를 부숴 버려도
한탄하거나 미련을 갖고
통곡하지 않는다.

짧은 시간에 마음 정리하고
다른 가지를 찾아 또 둥지를 튼다.

아픈 사연을 현실에
연결하려 하지 않고
세월이 가면 그 인연은 작아져서
회상해야 생각난다.

새로운 사연 만끽할
사랑이 찾아오면
지난 것은 더욱 작아지고

새 사연은 더욱 커져서
더 행복할 수 있기 때문이다.

인생(人生)은 외길

너는 이 시간에 태어났지
나도 이 시간에 태어났다.

너는 이 시간을 살고 있고
나도 이 시간을 살고 있다.

네가 내 인생을 살 수 없고
내가 네 인생을 살 수 없기
때문에 네가 하는 일은 네가
이 시간 속에서 하고 있고
내가 하는 일도 네가 할 수 없기에
이 시간 속에서 내가 하고 있다.

그러므로 너와 나는
이 시간 속에 서로 존재한다.

이 시간이 끝나면 너의 삶 끝맺고
나의 삶도 끝을 맺는다.

그래서
이 시간 속에
인생은 외길이 아니더냐.

창밖에 폭풍이

눈, 비, 바람 사납고 거칠게
창문을 휘둘기니 겁이 나서
방안에서 움츠리고 앉아
지나가기만 기다리는데

갑자기 "우르륵" 하는 소리에
화들짝 나가보니
비에 젖은 돌담이 허물어지다
담장 넝쿨 줄기가 자루 되어
돌담을 껴안고 힘겹게
엉거주춤 반 무릎 꿇고 있었다.

담장넝쿨 잎이 겁먹고 팔팔–팔라당
떠는 데도 아랑곳 않고
휘둘러 패는 비, 바람은 기세가
당당하고 매서웠다.

위기를 모면하려고 바람 자기만
기다리지만 시간은 더디게 가고
기다리다 보면 바람 지나가겠지 하며
방안에서 숨죽이고 있을 때

나도 모르게 스르르 눈 감고
사색에 잠기다 깊은 잠에
빠진 때가 있었지

고향 섬마을에서 자랄 때

고요 속에 꿈을

고요가 길어지면
더 깊은 고요가 되고
더욱 깊어지면 질수록
허전함이 주위를 두텁게
덮어 버린다.

그 속에서 무언가를 얻기 위해
머리를 쥐어짜며
허공을 삼켜버릴 듯
수많은 상상 속에서
헤집고 다니며 잡을 듯
잡힐 듯한 작은 성공이라는
목적을 이루기 위해

나는
오늘도 고요 속
헤집는다.

평화로운 마음

실개천에 흐르는 물이
실 줄기 골 길을 따라 작은 웅덩이로
모여든다.
웅덩이에 물이 다 차면 다른 길을 찾아
떠날 준비 하는 듯 조용히 생각하며
고임을 계속한다.

웅덩이 옆 잡초 무성한 작은 언덕에
가부좌로 앉아 수면에
마음 깔아 놓을 쯤
황금 융단 저녁노을 수면에 깔리고
기러기 줄지어 노을 등에 업고
수면 스쳐 갈 듯 나는 모습 보일 때

초가집 용마루 수평 마루에
저녁노을 걸리면 또 다른 기러기
다른 길을 따라
개천물 흐르듯 날면

내 마음
평화로 고인다.

갯마을 아침 햇살

섬 갯마을에서 자랄 때
아침 해 뜨는 걸 보려고
갯가에 일찍 나간 적이 있다.

어스름한 새벽에 동쪽으로 향한
자갈밭에 앉아
잔파도 밀려와 실파도 자갈 속으로
숨으며 쪼잘 대는 호수 같은
바다에 작은 돌을 팔매질하면
'뽕, 뽕' 하며 바닷속으로 끔벅 숨을 때
해 떠오르기만을 기다렸다.

드디어!
수평선이 밝아 오기 시작했다.

섬, 섬 사이 흐리게 보이는
수평선 좁은 공간에서 붉은
점으로 보이다 강력한 힘으로
비집고 나온 햇살이 점점 커지면서
웅장하고 청명하고 날카로운 송곳 햇살이
내 시야를 찌르며 솟아나기 시작했다.

바늘 끝 천의 빛살이 수면 위를 직선으로
내 안구를 파고들어

황홀경 속에 취하게 하고
내 몸과 온 천지가 황금색으로
물들기 시작했다.

누군가 내 혼과 육을 들뜨게 달구어
용왕실 있는 요경*으로 끌려들어
가는 기분 들기에 충분했다.

수평선을 헤집고 나온 빛이
웅장한 기상으로 서서히 떠오르다
붉고 둥근 해로 강하게 커지면서
웅비한 빛과 수평선이 가래떡 떨어지듯
수평선과 분리되며 둥글고 강력한 빛이
둥실 떠올랐다.
햇살은 황금 융단으로
온 바다, 갯가, 하늘, 산을 덮어버린
황금빛 세상 그 자체였다.
송곳 빛살이 작은 물비늘 파도에
꺾인 듯 위로 솟음이 또 다른 빛으로
반짝이다 꺾이는 것은
대자연 신비 위상 그거였나.
바늘 끝 햇살이 잔파도에 꺾어지다
물비늘에 부서지며 곧은 일침으로

내 가슴을 헤집고 들어가
심장을 뜨겁게 달구었다.

와! 하는 함성이
나도 모르게 팔을 들고
야! 야! 신난다!
와! 해가 떠올랐다!
정말 황홀하다!

언덕에 열병하는 소나무들
웅장한 뒷산도 자기 색을 잊어버리고
아침노을 황금 융단으로 덥힌 채
의욕 넘친 갯마을 아침 문을 열고
하루의 시작을 알렸다.

바닷가 금빛 햇살은
내 마음속을 가득 채우고
황금 융단 아침은 그렇게 밝아 왔다.

희망찬 그 햇살이
지금도 가슴에 남아 있어

그 위력으로 오늘을 살고 있다.

* 요경(凹鏡) : 반사면이 오목하게 들어간 거울.

칭송(稱頌)할 세 여인(女人)

칭송(稱頌)해야 할 세 여자가 있다.

어머니, 마누라, 며느리는
참 위대한 세 여성들이다.

한 여자가
평등한 집안을 흥하게 하여
월등한 집안으로 만들 수 있고

월등하거나 평등한 집안을
망하게 하여 흉하게 할 수도
있기 때문이다.

한 여자가 삼십 년이라고 하면
세 여자는 삼대(三代)를 말한 것이고
백 년의 긴 세월을 말하기도 한다.

여자의 힘으로 이 기간을
잘만 하면 한 집안에서
국가나 사회에서 필요한 사람이
몇 사람은 나올 수 있다.

어머니, 마누라, 며느리는
참으로 눈부시다.

인간은 수평형

얼굴이 예쁘고 몸매 좋다고 다 여자냐
마음씨 착하고 진실하고 선해야 여자지

남자는 다 남자냐
정의에 강하고 불의에 용감하여
남자 역할을 다하는 남자가 남자다.

사람이면 다 사람인가
사람 노릇을 해야 사람이지.

내가 당신 위에 설 수 없고
당신 아래 내가 설 수 없으며
당신이 내 위에 설 수 없고
내 아래 당신이 설 수 없듯이
사람 위에 사람 없고
사람 아래 사람 없다.

당신이 나보다 높을 수 없고
내가 당신보다 더 높을 수 없다.

잘나고 못난 사람 따로 없고
자기 역할 잘하면 진짜 사람이다.

사람과 사람 사이는
수직형이 아니고
수평형이기 때문이다.

나의 존재

인간들 주변에 사물이 많이 있다.
어떤 이에게는 필요하고
어떤 이에게는 필요 없는 것이지만
그들은 누군가에게 꼭 필요한 것들이다.

그 존재와 의미를 깊이 생각해 보면
인간이 그들에게 애원하듯 필요하고
원하는 위치에 존재하고 있다.

마음이 사물 속에 있고
사물이 인간들 마음속에 있어
서로 공감이 형성돼 있다는 것을
알아야 사물의 존재와
의미를 알 수 있게 된다.

사물이 주변에 있다는 것은
없으면 안 되는 것들뿐이다.
인간이 사물을 얼마나 필요
하느냐에 따라 가치가 있고
인간 생활에 얼마나 필요하게
쓰이고 있느냐에 따라 의미와
가치가 다르게 나타난다.

인간이 존재하기 위해
이들과 결부하며
공생공존 해오는 과정 속에
인간들이 있다.

자기 그릇

만족을 채우기 위해 갖은
노력을 하지만 결국 채우지
못하고 살아가는 것이 인간이다.

백 년도 못 살면서 천 년을 살 것 같이
세상 모든 것 다 잡을 듯이
헤집고 다니며 목적을 향해
동분서주한다.

슬쩍 보면 각기 다른
방법을 사용하는 것 같지만
자세히 보면 다 같은 방법이라는
것을 모른다.

얼굴이 달라서 생각이 다르고
행동도 달라서
자기 그릇도 다르기
때문 아닌가.

지루한 시간

"당신은 오늘 바빴습니까?"
"아니요, 너무 지루했어요!"
"왜요?" "할 일 없어서요.
무엇을 해야 할지 몰라서요."
"그래서 너무 지루하고 힘들어요."
"아니 왜! 할 일이 없어요?
찾으면 있잖아요."
"모르겠어요!."
"뭘 몰라요!"
"얼마든지 있지요.
꼭 돈하고 연결하니까 없지요"
"돈벌이 아니어도 많잖아요.
하고 싶은 것 찾아서 하세요.
그러다 보면 그것이 취미면 좋고
특기가 돼서 나이 들어서도 돈벌이가
되면 제2의 능력이 되니까 더욱 좋잖아요.
그것도 못 찾으면 당신은 무기력하고
무능한 사람이에요."
"그러니까 시간 보내기가 지루하지요"
"일을 찾아서 하다 보면
하루가 빨리 가지요"

시계(時計) 소리

잠자리에 드는데 고요가 깊어질수록
들리는 소리가 있다.

찰각, 찰각하다 싹둑, 싹둑
덜컹, 덜컹하기도

오이 써는 소리
삭둑, 삭둑 하더니
밤손님 담 넘으며 옷 스치는 소리로
스르륵, 스르륵 하기도

내 폐를 갈근* 소리인가
숨 쉴 때마다
크게 들렸다
작게 들렸다
마음속을 깊이 파고드는지
신경이 날카롭다.

순간, 순간 남은 내 삶이
조금씩, 조금씩
줄어드는 것 아닌가 생각하니

잠이 화들짝 달아나
곤두서는 머리를 움켜쥐니
눈이 휘둥글 !

아! 내 삶
아직 두부 한모만큼 남아 있구나.

* 갈근 : 목구멍에 가래 따위가 걸려 자꾸 간지럽게 가치작거리다.

섬마을 월송리는 다섯 개 달이 뜬다

완도군 금일읍 월송리 고향 마을에는
달이 다섯 개가 뜬다.

황금 융단 저녁노을 바다에 깔리면
동편에 화안(花顔) 소녀 눈썹으로
뜨는 초승달이
첫 번째 달이요
명사십리 위에 함박 웃는 보름달이
두 번째 달이고
초가지붕 저녁연기 용트림으로
해송 가지에 머물 때 노을이 물들면
여인 속눈썹으로 뜨는 그믐달이
세 번째 달이다.

선창에 벗과 마주 앉아
생선회 안주 술잔에 뜨는 달이
네 번째 달
친구 웃는 얼굴에 함박으로 뜨는 달이
다섯 번째 달이로다.

가을 길을 걷는데

가을날
낙엽 쌓인 길을 터벅 걸음으로 걷는데
들려오는 소리 있다.

"어디에서 어디까지 가시는 길이십니까?"
하고 내게 묻는 소리가 있다.
"섭리(攝理)에서 출발하여
섭리(攝理) 따라가는 길이요!"
또 묻는 소리가 있다.

"그곳이 어디인가요?"
"청송에게 물어보고
대답 없으면 바람 잡고 서서
단풍에게 물어보고
봄, 여름, 가을, 겨울 길을 걸어 보고
그래도
대답이 없거든

염불(念佛) 삼매경(三昧境)에 들어가 보시지요."

이렇게 말해 주었습니다.

문학세계대표작가선 868

흔들리는 것 그것이 존재다

양정동 제3시집

인쇄 1판 1쇄　2018년 11월 2일
발행 1판 1쇄　2018년 11월 10일

지 은 이 : 양정동
펴 낸 이 : 김천우
펴 낸 곳 : 도서출판 천우
등　　록 : 1992. 2. 15. 제1-1307호
주　　소 : 서울시 성동구 무학봉28길 6 금용빌딩 2F
전　　화 : 02)2298-7661
팩　　스 : 02)2298-7665
http://moonhak.wla.or.kr
E-mail : chunwo@hanmail.net

값 10,000원

ISBN 978-89-7954-738-2

이 도서의 국립중앙도서관 출판예정도서목록(CIP)은 서지정보유통지원시스템 홈페이지(http://seoji.nl.go.kr)와 국가자료공동목록시스템(http://www.nl.go.kr/kolisnet)에서 이용하실 수 있습니다. (CIP제어번호: CIP2018034554)